KSIĄŻKA Z PRZEPISAMI NA KOKTAJLE

100 szybkich i łatwych przepisów na koktajle

Inga Ziółkowska

© COPYRIGHT 2024 WSZYSTKIE PRAWA ZASTRZEŻONE

Celem niniejszego dokumentu jest dostarczenie dokładnych i rzetelnych informacji na temat poruszanego tematu i zagadnienia. Publikację sprzedaje się z założeniem, że wydawca nie jest zobowiązany do świadczenia usług księgowych, oficjalnie dozwolonych lub w inny sposób kwalifikowanych. Jeżeli konieczna jest porada prawna lub zawodowa, należy zlecić ją osobie praktykującej w zawodzie.

Powielanie, powielanie lub przesyłanie jakiejkolwiek części tego dokumentu w formie elektronicznej lub drukowanej nie jest w żaden sposób legalne. Nagrywanie tej publikacji jest surowo zabronione, a jakiekolwiek przechowywanie tego dokumentu jest niedozwolone bez pisemnej zgody wydawcy. Wszelkie prawa zastrzeżone.

Ostrzeżenie Zastrzeżenie: informacje zawarte w tej książce są prawdziwe i kompletne, zgodnie z naszą najlepszą wiedzą. Wszystkie rekomendacje są dokonywane bez gwarancji ze strony autora lub wydawnictwa opowiadań. Zastrzeżenie autora i wydawcy oraz odpowiedzialność w związku z wykorzystaniem tych informacji

Spis treści

WSTĘP 8

KSIĄŻKA Z PRZEPISAMI NA KOKTAJLE 10

   1. CAIPIRINHA 10

   2. SEKS NA PLAŻY 12

   3. OSŁO MOSKWA 15

   4. MARGARITA 18

   5. WSCHÓD TEQUILI 20

   6. PINAKOLADA 22

   7. GIN Z TONIKIEM 25

   8. HUGO 27

   9. MAJ TAI 29

   10. ZOMBIE 31

   11. KOSMOPOLITAŃSTWO 34

   12. POMARAŃCZ CAMPARI 36

   13. KRWAWA MARYJA 38

   14. KUBA WOLNA 40

   15. MAMA BAHAMA 42

   16. B52 44

   17. WÓDKA MARTINI 46

   18. WÓDKA WSCHÓD 48

   19. GIN FIZZ 50

   20. WHISKY SOUR 53

21. DZIEWICZNA KOLADA...55

22. ESPRESSO MARTINI...57

23. PUNKT DO DONICZKI..59

24. BELLINI..61

25. WÓDKA CYTRYNOWA..63

26. PLAŻA W MALIBU..65

27. APEROL KWAŚNY..67

28. MUŁ LONDYŃSKI...69

29. CAIPIROSKA..71

30. GIN Z TONIKIEM Z OGÓRKIEM................................73

31. TRUSKAWKOWE DAIQUIRI.......................................75

32. KOLADA TRUSKAWKOWA..77

33. DZIEWICA CAIPIRINHA..79

34. AVERNA SOUR..81

35. WKRĘT..83

36. KOKTAJL MIMOZY..85

37. BŁĘKITNA LAGUNA..87

38. MROŻONA MARGARITA..89

39. ZIMOWA ŚWIEŻOŚĆ..91

40. TROPIKALNA POMARAŃCZ.....................................93

41. BIAŁY ROSYJSKI..95

42. FLAMING..97

43. DAIQUIRI..99

44. Amaretto Sauer...101

45. WÓDKA KWAŚNA..103
46. RÓŻOWY GIN Z TONIKIEM....................................105
47. POMARAŃCZ BATIDA..107
48. CZARNY ROSYJSKI..109
49. COCO LOCO...111
50. EGZOTYCZNY PUNKT..113
51. BEZALKOHOLOWA PINYA COLADA......................115
52. ŚWIĄTECZNY ZIMOWY PUNK..............................118
53. KOKTAJL Z BIAŁYM WINEM I WODĄ GAZOWANĄ.........121
54. ODŚWIEŻAJĄCE BEZALKOHOLOWE MOJITO..............124
55. TRUSKAWKOWA SANGRIA Z POMARAŃCZAMI I BIAŁYM WINEM..127
56. MOJITO Z KIWI I AGAWĄ....................................130
57. TRADYCYJNA HISZPAŃSKA SANGRIA..................133
58. BANANOWE DAIQUIRI..136
59. KOKTAJL CIEMNEJ BURZY...................................138
60. KOKTAJL - POCAŁUNEK PSZCZOŁY.....................140
61. KOKTAJLOWA FIOLETOWA MGŁA.......................142
62. CZERWONA SANGRIA DLA DZIECI......................144
63. JAMAJKA KOKTAJL JOE......................................147
64. KOKTAJL Z LODOWEJ HERBATY LONG ISLAND.............149
65. KOKTAJL BRONXOWY...152
66. KOKTAJLOWA LETNIA BRYZA.............................154
67. KOKTAJL BANANOWO-KOLADOWY....................157

68. KOKTAJL MORSKIEJ BRYZY..............................159
69. KOKTAJL PALMOWY NA PLAŻY........................161
70. KOKTAJL KAIPIROSKA....................................163
71. KOKTAJL ARBUZOWY.....................................165
72. POŃCZ ZIMNY Z RUMEM I SOKIEM POMARAŃCZOWYM
....167
73. KOKTAJL KOSMOPOLITAŃSKI..........................170
74. Orzeźwiająca SANGRIA TRUSKAWKOWA........173
75. KLASYCZNE TRUSKAWKOWE DAIQUIRI..........177
76. KOKTAJL Z KRWAWĄ MARIĄ...........................180
77. KOKTAJL Z TRUSKAWKĄ COLADA..................183
78. KOKTAJL OWOCOWY Z SZAMPANEM............185
79. BEZALKOHOLOWY KOKTAJL OWOCOWY......188
80. EKSTASY KOKTAJL...190
81. DŁUGI DRINK Z SZAMPANEM........................192
82. KOKTAJL ALKOHOLOWY Z WINOGRONAMI...194
83. MELONOWY MIRAŻ.......................................196
84. KOKTAJL Z JEŻYNAMI I KONIAKIEM...............198
85. KOKTAJL OUZO I SOK Z OGÓRKA..................200
86. WYJĄTKOWY KOKTAJL Z OUZO....................202
87. KOKTAJL Z OUZO I GINEM............................204
88. KOKTAJL LODOWY..206
89. ZIELONY SZept..209
90. MLECZNY KOKTAJL OWOCOWY....................211

91. KOKTAJL KOMETOWY 213
92. ŚWIAT WÓDKI 215
93. MARTINI JABŁKOWE 217
94. PONCZ FRANCUSKI Z CZEKOLADĄ 219
95. JAPOŃSKI KOKTAJL Z BIAŁEJ RÓŻY 222
96. KOKTAJL MARCEPANOWY FLIP 224
97. FRANCUSKI PUNKT JAJECZKOWY 227
98. KOKTAJL NISKOPALKOHOLOWY CZEKOLADA I MLEKO. .230
99. LODOWY PUNCH CYTRUSOWY Z SZAMPANEM 232
100. WEGAŃSKI KOKTAJL BEZALKOHOLOWY Z MROŻONYMI JAGAMI 234

WSTĘP

Koktajle to rodzaj napoju mieszanego, który jest popularny niemal w każdym kraju. Jest to rodzaj trunku zawierającego środki aromatyzujące. Zawiera m.in. soki owocowe, sosy, miód, mleko, śmietanę czy przyprawy. Koktajle zyskały ostatnio na popularności.

Koktajle sporządzano z ginu, whisky lub rumu i niewielkiej ilości wódki. Wiele koktajli tradycyjnie przygotowywano przez połączenie go z ginem, znanym jako świder lub martini. Po latach 80-tych wprowadzono ten rodzaj napoju mieszanego. Termin „koktajl" ukuł dr David Wonderich w październiku 2005 roku.

Jedną z zalet wypicia łyka koktajlu jest to, że łagodzi ból głowy. „Koktajl" to rodzaj trunku składającego się z cukru, wody i substancji gorzkich. Znana jest również jako gorzka proca. Mówi się również, że jest to eliksir wyborczy, ponieważ utrzymuje serce silne i odważne. Osoba, która wypiła jeden łyk koktajlu, jest gotowa wypić wszystko inne.

Koktajle zawierają bardzo mało alkoholu pod względem jakości i ilości w porównaniu do innych napojów alkoholowych. Koktajle są również droższe niż inne rodzaje napojów. W rezultacie barmani zaczęli przygotowywać koktajle. Koktajle miesza się z różnymi rodzajami innych napojów, takimi jak gin, whisky, mleko i śmietana, ale nie z wodą. Składniki użyte w mieszance różnią się w zależności od regionu.

KSIĄŻKA Z PRZEPISAMI NA KOKTAJLE

1. CAIPIRINHA

składniki

- 6 cl Cachaca (Pitù)
- 1 szt. limonka
- 2 łyżki cukru trzcinowego (brązowego)
- 5 łyżek kruszonego lodu

przygotowanie

1. Odetnij oba końce surowych limonek, pokrój je na ósemki i umieść w szklance. Posypać brązowym cukrem i wycisnąć tłuczkiem kawałki limonki.

2. Na koniec dodaj cachacę. Do szklanki wsyp kruszony lód i wszystko dobrze wymieszaj. Ewentualnie dodaj odrobinę wody sodowej i podawaj koktajl ze słomką.

2. SEKS NA PLAŻY

składniki

- 4 cl wódki
- 2 cl likieru brzoskwiniowego
- 4 cl soku żurawinowego
- 6 cl soku pomarańczowego (do uzupełnienia)
- 10 kostek lodu (do shakera i szklanki)

Składniki do dekoracji

- 1 szt. plasterka pomarańczy
- 1 kawałek plasterka ananasa
- 1 SZTUKA Wiśnia koktajlowa

przygotowanie

1. Do shakera włóż 4-6 kostek lodu, dodaj pozostałe składniki takie jak wódka, likier brzoskwiniowy i sok żurawinowy, energicznie wstrząśnij.

2. Wlać ok. Do szklanki typu long drink lub hurricane wsyp 5-6 kostek lodu i przelej koktajl przez sitko.

3. Na koniec zalej go sokiem pomarańczowym.

4. Podawać ze słomką do picia i plasterkiem pomarańczy i/lub ananasa oraz wisienką koktajlową.

3. OSŁO MOSKWA

składniki

- 5 cl wódki
- 0,5 szt. limonki (prasowanej)
- 320 ml piwa imbirowego do uzupełnienia
- 10 kostek lodu

Składniki do dekoracji

- 3 łyżki limonki
- 1 gałązka mięty (mała i świeża)

przygotowanie

1. Aby przygotować muła moskiewskiego, najpierw wyciśnij limonkę.
2. Do miedzianego kubka wlej wódkę i natychmiast uzupełnij go kostkami lodu. Teraz wlej sok z limonki na lód.
3. Uzupełnić piwem imbirowym, delikatnie wymieszać łyżką barową.

4. Do dekoracji użyj kawałków limonki i liści mięty.

4. MARGARITA

składniki

- 2 cl soku z limonki
- 1 cl likieru pomarańczowego
- 3 cl tequili
- 1 shot Limonki do dekoracji
- 1 nagroda Sól do dekoracji

przygotowanie

1. Udekoruj wstępnie schłodzoną miskę koktajlową sokiem z limonki i solą.

2. Napełnij shaker do koktajli kruszonym lodem. Dodaj sok z limonki, likier pomarańczowy i tequilę i energicznie wstrząśnij.

3. Wlać napój do miski koktajlowej i natychmiast podawać.

5. WSCHÓD TEQUILI

składniki

- 4 cl tequili
- 1 cl soku z cytryny
- 11 cl soku pomarańczowego
- 1 cl grenadyny

przygotowanie

1. Do shakera włóż 5 kostek lodu, dodaj wszystkie składniki oprócz grenadyny i energicznie wstrząśnij. (15 sek.)

2. Do szklanki typu long drink wsyp trochę pokruszonego lodu i przelej napój przez sitko. Ostrożnie wlej grenadynę do szklanki umieszczonej na grzbiecie łyżki.

3. Nie mieszać, poczekać aż syrop opadnie na dno szklanki i podawać ze słomką i kawałkiem cytryny.

6. PINAKOLADA

składniki

- 2 łyżeczki soku z cytryny
- 4 cl Kremu Kokosowego (lub syropu kokosowego)
- 2 cl bitej śmietany
- 6 kl. rum
- 8 cl Sok ananasowy
- 1 plasterek ananasa

przygotowanie

1. Aby przygotować pinacoladę, najpierw pokrój plasterek ananasa w kostkę i włóż go do blendera.

2. Dodać sok ananasowy, śmietankę kokosową (lub syrop kokosowy), rum, śmietankę (dzięki temu koktajl będzie jeszcze bardziej kremowy), dodać krople cytrynowe, włożyć wszystko do miksera i dobrze wymieszać przez około 25 sekund.

3. Gotową pinacoladę wlej do szklanki balonowej (fantowej), uzupełnij kruszonym lodem i udekoruj plasterkiem świeżego ananasa i wisienką koktajlową.

7. GIN Z TONIKIEM

składniki

- 4 cl ginu
- 3 sztuki kostek lodu
- 0,25 l toniku
- 1 plasterek cytryny lub limonki

przygotowanie

1. Gin wlej do szklanki typu long drink z kostkami lodu, a następnie, jeśli chcesz, uzupełnij tonikiem.

2. Udekorować cząstką cytryny lub limonki, kostkami lodu i słomką.

8. HUGO

składniki

- 2 cl syropu z kwiatów czarnego bzu
- 160ml Prosecco
- 1 kieliszek napoju gazowanego do uzupełnienia
- 2 miliardy mięty
- 0,5 St. wapna

przygotowanie

1. Hugo podaje się zwykle w kieliszku do szampana lub czerwonego wina. Aby to zrobić, pokrój limonkę w kliny. Przytrzymaj szczelinę nad szkłem, naciśnij krótko, aby kilka kropel spłynęło do szkła. Następnie włóż do szklanki plasterek limonki lub przyklej go do krawędzi szklanki.

2. Teraz dodaj syrop z kwiatów czarnego bzu, kilka liści mięty i kostki lodu. Dopełnij prosecco i wodą gazowaną.

9. MAJ TAI

składniki

- 6 cl brązowego rumu
- 2 cl likieru pomarańczowego
- 1 cl syropu cukrowego
- 1 cl syropu migdałowego
- 5 cl soku ananasowego
- 0,5 szt. wapna

przygotowanie

1. Wyciśnij limonkę i wlej sok z 5 kostkami lodu do shakera. Dodaj brązowy rum, syrop migdałowo-cukrowy, sok ananasowy i likier pomarańczowy i dobrze wstrząśnij.

2. Włóż napój do szklanki z lodem i podawaj ze słomką.

10. ZOMBIE

składniki

- 2 cl Cointreau
- 0,2 l kruszonego lodu
- 6 cl Sok ananasowy
- 2 cl soku z cytryny
- 4 cl soku pomarańczowego
- 2 cl syropu z marakui
- 2 cl grenadyny
- 2 cl rumu (mocny)
- 4 cl rumu (ciemny)
- 4 cl rumu (biały)
- 1 plasterek pomarańczy do dekoracji

przygotowanie

1. W shakerze energicznie wstrząśnij składniki: Cointreau, wszystkie rodzaje rumu, grenadynę, syrop z marakui, sok pomarańczowy, sok z cytryny, sok ananasowy

z kruszonym lodem i przecedź do szklanki typu long drink.

2. Udekoruj wiśniami i plasterkiem pomarańczy.

11. KOSMOPOLITAŃSTWO

składniki

- 2 cl soku żurawinowego
- 3 cl wódki
- 1 cl Cointreau
- 1 cl soku z limonki
- 4 kostki lodu

przygotowanie

1. Wódkę, Cointreau, sok z limonki i sok żurawinowy wymieszać w shakerze z ok. Energicznie wrzuć 4 kostki lodu.

2. Szklankę do martini należy chwilę zamrozić w zamrażarce. Natrzyj brzeg kieliszka do martini skórką z limonki.

3. Cosmopolitan odcedź, wlej do kieliszka do martini i udekoruj wisienką koktajlową lub cząstką limonki.

12. POMARAŃCZ CAMPARI

składniki

- 12 cl soku pomarańczowego
- 4 cl Campari
- 5 sztuk kostek lodu
- 1 plasterek pomarańczy

przygotowanie

1. Do szklanki typu long drink wsyp kostki lodu do połowy objętości.

2. Do szklanki wlać Campari, uzupełnić sokiem pomarańczowym i wymieszać łyżką barową.

3. Udekoruj plasterkiem pomarańczy i czarną słomką do picia i podawaj.

13. KRWAWA MARYJA

składniki

- 2 cl wódki
- cl sok pomidorowy
- 2cl soku z cytryny
- 1 linia Tabasco
- 1 kropla sosu Worcester
- 1 cena papryki
- 1 cena soli

przygotowanie

1. Wszystkie składniki, takie jak wódka, sok pomidorowy, sok z cytryny, Tabasco, sos Worcestershire, sól i pieprz, włóż do szklanki miksującej i dobrze wymieszaj, a następnie przelej do tradycyjnej szklanki.
2. Udekoruj cząstką cytryny lub limonki.

14. KUBA WOLNA

składniki

- 4 cl rumu
- 2 cl soku z cytryny lub limonki
- 15-ta cola
- 3 sztuki kostek lodu
- 1 patelnia cytryny lub limonki

przygotowanie

1. Napełnij szklankę do long drinków kostkami lodu.
2. Do szklanki wlej rum i sok z cytryny lub limonki i uzupełnij colą. Wszystko dobrze wymieszaj.
3. Limonki lub cytryny pokroić w ćwiartki, włożyć do szklanki i podawać ze słomką.

15. MAMA BAHAMA

składniki

- 4 cl rumu (biały)
- 2 cl likieru kokosowego
- 2 cl rumu (brązowy)
- 4 cl soku ananasowego
- 1 cl soku z cytryny (świeżo wyciśniętego)
- 4 cl soku pomarańczowego
- 1 kropla syropu grenadyna

przygotowanie

1. Przygotuj fantazyjną szklankę lub long drinka. Następnie dobrze wstrząśnij wszystkie składniki z lodem w shakerze do koktajli.
2. Teraz przecedź zmieszany koktajl przez sito do dowolnej szklanki.
3. Dla dekoracji do szkła przykleja się ćwiartkę cytryny lub ładnie odcięty kawałek skórki.

16.B52

składniki

- 2 cl likieru kawowego
- 2 cl Baileysa
- 1 cl rumu

przygotowanie

1. Ostrożnie wlej składniki grzbietem łyżki do kieliszka do aperitifu - najpierw likier kawowy, następnie Baileys, a na końcu rum (wysokogatunkowy).

2. Wlewaj powoli, tak aby składniki się nie połączyły i nie utworzyły w szklance trzech różnych warstw.

3. Gotowy napój podpal zapalniczką, podawaj od razu, nie zapomnij o słomce, żeby się nie poparzyć (lub wcześniej zdmuchnąć płomień).

17. WÓDKA MARTINI

składniki

- 5 cl wódki
- 1 cl wytrawnego wermutu
- 1 szt. oliwka zielona, do dekoracji

przygotowanie

1. Do szklanki miksującej włóż kostki lodu, wódkę i piołun i wymieszaj mieszadłem. (nie potrząsaj!)

2. Miskę koktajlową ostudź w zamrażarce, do szklanki włóż zieloną oliwkę, a pozostałą ilość przecedź do kieliszka koktajlowego i podawaj.

18. WÓDKA WSCHÓD

składniki

- 1 strzał Grenadyny
- 6 cl wódki
- 12 cl soku pomarańczowego

przygotowanie

1. Do szklanki typu long drink włóż wódkę, sok pomarańczowy i lód i dobrze wymieszaj.

2. Następnie powoli i ostrożnie wlewaj grenadynę, tak aby pojawił się piękny gradient koloru.

19. GIN FIZZ

składniki

- 5 cl ginu
- 3 cl cytryny (wyciśnięty sok)
- 2cl syropu cukrowego
- St. kostki lodu do szklanki
- Do uzupełnienia 150 ml wody sodowej
- 2 kawałki cytryny do dekoracji

przygotowanie

1. Aby uzyskać musujący gin, najpierw wyciśnij cytrynę. Następnie energicznie wstrząśnij ginem, kostkami lodu, sokiem z cytryny i syropem cukrowym w shakerze przez maksymalnie 1 minutę.

2. Teraz włóż świeże kostki lodu do przygotowanej szklanki do long drinków lub szklanki balonowej. Energicznie wstrząśnięty napój przelewamy teraz do szklanki. Na koniec uzupełnij wodą sodową.

3. Krótko wymieszaj i podawaj z cząstkami cytryny w szklance i gałązką rozmarynu.

20. WHISKY SOUR

składniki

- 3 cl soku z cytryny
- 5 cl szkockiej whisky
- 2 cl syropu cukrowego

przygotowanie

1. W shakerze dobrze wstrząśnij whisky z sokiem z cytryny i syropem cukrowym z kilkoma kostkami lodu.

2. Przelej do szklanki z kilkoma kostkami lodu i udekoruj cząstkami cytryny.

21. DZIEWICZNA KOLADA

składniki

- 2 cl bitej śmietany
- 4 cl mleka kokosowego
- 16 cl soku ananasowego
- 1 łyżka ananasa
- Wiśnia koktajlowa

przygotowanie

1. Najpierw dokładnie wymieszaj w shakerze bitą śmietanę, mleko kokosowe i sok ananasowy.

2. Następnie całość przelej do dużej szklanki i jeśli lubisz, dodaj kostki lodu.

3. Na koniec udekoruj plasterkiem ananasa lub melona spadziowego, wiśnią i parasolką.

22. ESPRESSO MARTINI

składniki

- 50 ml wódki
- 25 ml Likier kawowy
- 25 ml espresso
- 3 sztuki ziaren kawy do dekoracji
- 5 sztuk kostek lodu do shakera

przygotowanie

1. Aby przygotować martini espresso, do shakera z kostkami lodu wlej wódkę, likier kawowy i espresso. Wstrząsać energicznie.

2. Napój przelej do kieliszka do martini, udekoruj ziarnami kawy i podawaj.

23. PUNKT DO DONICZKI

składniki

- 2 cl soku z limonki
- Sok pomarańczowy 8 cl
- 5 cl rumu, brązowy
- 1 cl grenadyny

przygotowanie

1. Napełnij shaker koktajlowy 5 kostkami lodu. Do shakera włóż grenadynę, sok z limonki, sok pomarańczowy i rum i całość energicznie potrząsaj przez około 15 sekund.

2. Do szklanki typu long drink włóż świeże kostki lodu i przelej przez sitko.

3. Udekoruj kawałkiem ananasa, kawałkiem cytryny, wiśnią koktajlową, słomką i parasolką.

24. BELLINI

składniki

- 0,5 st. brzoskwini
- 1 kieliszek prosecco
- 1 gałka likieru brzoskwiniowego

przygotowanie

1. Kawałek brzoskwini zmiksuj w blenderze i przecedź przez sitko do szklanki miksującej.

2. Ostrożnie wymieszaj puree owocowe z likierem i schłodzonym Prosecco.

3. Do kieliszka można dodać także kawałek brzoskwini, jako dodatkową ozdobę idealnego Bellini.

25. WÓDKA CYTRYNOWA

składniki

- 4 cl wódki
- 1 cl soku z limonki
- 1 odrobina gorzkiej cytryny

przygotowanie

1. Do szklanki typu long drink wrzucasz dwie kostki lodu, następnie dodajesz najpierw wódkę, a potem sok z limonki.

2. Następnie wymieszaj łyżką barową i uzupełnij gorzką cytryną. Udekoruj kilkoma plasterkami limonki.

26. PLAŻA W MALIBU

składniki

- 5 cl soku pomarańczowego
- 4 cl Nektar z marakui
- 2 cl syropu migdałowego
- 4 cl Malibu
- 2 cl grenadyny
- 3 cl soku ananasowego
- 2 cl soku z cytryny

Przygotowanie

1. W shakerze dokładnie wymieszaj sok ananasowy, nektar z marakui, sok z cytryny i sok pomarańczowy.

2. Następnie dodajemy syrop migdałowy i grenadynę oraz kilka kostek lodu, ponownie wstrząśniemy i przelejemy do kieliszka koktajlowego.

3. Na koniec polej koktajl Malibu.

27. APEROL KWAŚNY

składniki

- 5 cl Aperolu
- 3 cl soku z cytryny (świeżo wyciśniętego)
- 2 cl soku pomarańczowego (świeżo wyciśniętego)
- 1 cl syropu cukrowego

przygotowanie

1. Dobrze wstrząśnij składniki w shakerze.
2. Przygotuj szklankę i napełnij ją 2-3 kostkami lodu. Następnie ostrożnie przelej zakrzywiony napój do szklanki za pomocą sitka.
3. Udekorować połówką plasterka pomarańczy w szklance.

28. MUŁ LONDYŃSKI

składniki

- 0,5 St. Limonki (sok)
- 6 cl London Dry Gin
- 9 cl piwa imbirowego
- 1 Schb Limonka (dekoracja)

przygotowanie

1. Wyciśnij połowę limonki i wlej sok wraz z kostkami lodu do szklanki typu highball / long drink.
2. Polej ginem, zamieszaj i uzupełnij piwem imbirowym.
3. Dla dekoracji połóż plasterek limonki na brzegu szklanki.

29. CAIPIROSKA

składniki

- 5 cl wódki
- 1 szt. limonka
- Św. kostki lodu
- 3 łyżki cukru trzcinowego

przygotowanie

1. Do szklanki wlej wódkę z limonką i cukrem trzcinowym i dobrze wymieszaj.

2. Do szklanki włóż kostki lodu i dodaj lemoniadę. Do dekoracji użyj kawałka cytryny lub limonki.

30. GIN Z TONIKIEM Z OGÓRKIEM

składniki

- 4 cl ginu
- 200 ml toniku
- 6 Schb Ogórek sałatkowy ze skórką
- 3 sztuki kostek lodu

przygotowanie

- Do szklanki włóż kostki lodu i gin.
- Ogórka pokroić w plasterki.
- Dodaj kawałki ogórka i polej je tonikiem.

31. TRUSKAWKOWE DAIQUIRI

składniki

- 4 cl rumu
- 2 cl soku z limonki (świeżo wyciśniętego)
- 2 cl likieru truskawkowego
- 8. St. truskawki (małe)
- 3 łyżki kruszonego lodu

przygotowanie

1. Drobno posiekaj w blenderze trochę pokruszonego lodu z truskawkami. Następnie dodać pozostałe składniki i dobrze wymieszać.

2. Napój przelej do kieliszka koktajlowego i podawaj z czarną słomką.

3. Udekoruj kawałkami truskawek i listkiem mięty na krawędzi szklanki.

32. KOLADA TRUSKAWKOWA

składniki

- 6 cl białego rumu
- 10 cl soku ananasowego
- 2 cl soku z cytryny
- 6 cl Syrop Truskawkowy
- 4 cl syropu kokosowego

przygotowanie

1. Wymieszaj kostki lodu, sok ananasowy i cytrynowy, syrop kokosowo-truskawkowy oraz biały rum i dobrze wymieszaj.

2. Szklankę balonową wypełnij kostkami lodu oraz napojem i przyklej na krawędzi specjalnego ananasa gwiazdkowego lub świeżej truskawki jako ozdobę.

33. DZIEWICA CAIPIRINHA

składniki

- 1 szt. limonka
- 2 shoty piwa imbirowego do uzupełnienia
- 0,5 łyżki cukru trzcinowego (brązowego)

przygotowanie

1. Najpierw odetnij końcówki limonki, następnie pokrój limonkę na ósemki i umieść w wysokiej szklance. Rozłóż cukier trzcinowy na kawałkach limonki i rozgnieć tłuczkiem cukier trzcinowy na kawałkach limonki.
2. Napełnij szklankę kruszonym lodem.
3. Dopełnić piwem imbirowym, wymieszać. Miętę włóż do szklanki jako dekorację lub użyj kawałka limonki na krawędzi szklanki.

34. AVERNA SOUR

składniki

- 4 cl Averna
- 2 cl świeżo wyciśnięty sok z cytryny
- 2 sztuki kostek lodu

przygotowanie

1. W szklance wymieszaj Avernę i sok z cytryny.
2. Dodać kostki lodu i w razie potrzeby udekorować cząstką cytryny.

35. WKRĘT

składniki

- 4 cl wódki
- 10 cl soku pomarańczowego
- Św. kostki lodu

przygotowanie

1. W szklance zmieszaj kostki lodu, wódkę i sok pomarańczowy z lodem.
2. Udekoruj wiśnią i plasterkiem pomarańczy.

36. KOKTAJL MIMOZY

składniki

- 1 Likier Spr Triple Sec
- 7.cl szampana (rodzaj do wyboru)
- 7 cl soku pomarańczowego
- 0,25 kawałka plasterka pomarańczy do dekoracji

przygotowanie

1. Do chłodnego kieliszka do szampana wlej szampana i sok pomarańczowy.
2. Całość uzupełnij odrobiną likieru Triple Sec.
3. Pokrój plasterek pomarańczy na ćwiartki i przyklej go na krawędzi szklanki jako dekorację.

37. BŁĘKITNA LAGUNA

składniki

- 8 cl Sok ananasowy
- 4 cl rumu, białego
- 3 cl Niebieskie Curacao
- 1 szt. ananas

przygotowanie

1. Do szklanki typu long drink włóż 2-3 kostki lodu. Wlać sok ananasowy i rum, wymieszać łyżką barową i ostrożnie wlać do napoju Blue Curacao i przestać mieszać.

2. Jako dekorację przyklej spiralną skórkę z cytryny na krawędzi szklanki.

38. MROŻONA MARGARITA

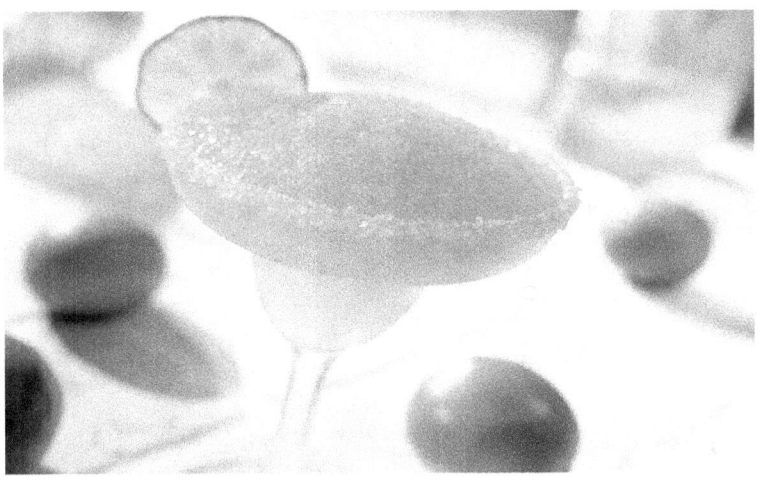

składniki

- 3 cl soku z limonki
- 2 cl likieru pomarańczowego
- 4 cl tequili
- 1 sól zasadowa

przygotowanie

1. Zmieszaj sok z limonki, likier pomarańczowy, sól i tequilę z kruszonym lodem w blenderze przez 3 minuty.

2. Następnie przelej do kieliszka koktajlowego i udekoruj limonką.

39. ZIMOWA ŚWIEŻOŚĆ

składniki

- 1 cl grenadyny
- 2 cl Orgeat (syrop migdałowy)
- 7 cl soku pomarańczowego
- 4 cl soku ananasowego
- 2 cl soku z limonki

przygotowanie

1. W szklance typu long drink zmieszaj sok ananasowy i pomarańczowy, grenadynę, sok z limonki i orżetę z kilkoma kostkami lodu.

2. Podawaj napój ze słomką i plasterkiem pomarańczy.

40. TROPIKALNA POMARAŃCZ

składniki

- 3 cl likieru pomarańczowego
- 2 cl ginu
- 4 cl soku grejpfrutowego
- 6 cl soku pomarańczowego
- Św. kostki lodu

przygotowanie

1. W shakerze z kilkoma kostkami lodu energicznie wstrząśnij gin, sok grejpfrutowy, likier pomarańczowy i sok pomarańczowy.

2. Przecedź przez sitko na kostki lodu w szklance do long drinków lub szklance balonowej. Podawać z plasterkami pomarańczy lub ananasa i wisienką koktajlową.

41. BIAŁY ROSYJSKI

składniki

- 3 cl bitej śmietany
- 3 cl wódki
- 3 cl likieru kawowego

przygotowanie

1. Śmietanę ubić na pianę, do szklanki miksującej wrzucić 5 kostek lodu, dodać wódkę i likier kawowy, dobrze wymieszać.

2. Całość przelej przez sitko do szklanki i jako dekorację dodaj bitą śmietanę.

42. FLAMING

składniki

- 6 cl soku pomarańczowego
- 1 cl syropu z marakui
- 1 cl soku z cytryny
- 1 cl syropu migdałowego
- 1 cl soku grejpfrutowego
- 3 sztuki kostek lodu
- 1 strzał grenadyny

przygotowanie

1. W shakerze energicznie wstrząśnij sok pomarańczowy, syrop z marakui, grenadynę, sok z cytryny, syrop migdałowy i sok grejpfrutowy.

2. Napój odcedzić i wlać do szklanki typu long drink, postawionej na świeżych kostkach lodu i udekorować cząstką cytryny.

43. DAIQUIRI

składniki

- 5 cl białego rumu
- 3 cl soku z cytryny
- 2 cl syropu cukrowego
- 5 łyżek kruszonego lodu

przygotowanie

1. Do shakera wlej biały rum, sok z cytryny i syrop cukrowy i energicznie wstrząśnij.

2. Napój przecedzić przez sitko do wcześniej schłodzonego pucharka koktajlowego, podawać „od góry", czyli bez lodu w szklance i z kawałkiem cytryny na brzegu szklanki.

44. Amaretto Sauer

składniki

- 5 cl amaretto
- 3cl soku pomarańczowego
- 3cl soku z cytryny

przygotowanie

1. Wszystkie składniki umieść w shakerze, dodaj kostki lodu i dobrze wstrząśnij.

2. Przygotuj szklankę i zahaczony napój przelej przez sitko na kilka świeżych kostek lodu.

3. Do szklanki wrzucamy plasterek cytryny jako dekorację.

45. WÓDKA KWAŚNA

składniki

- 5 cl wódki
- 2 cl syropu cukrowego
- 3 cl soku z cytryny
- 3 kawałki ćwiartek cytryny do dekoracji

przygotowanie

1. Wszystkie składniki wstrząśnij w shakerze wraz z kostkami lodu. Następnie przelej do szklanki typu Tumbler.

2. Udekoruj cząstkami cytryny w szklance.

46. RÓŻOWY GIN Z TONIKIEM

składniki

- 2 cl różowego ginu
- 100 ml toniku
- 1 szt. kostka lodu (duża)
- 3 kawałki jagód jałowca

przygotowanie

1. Do dużego kieliszka koktajlowego włóż kostki lodu, jagody jałowca i gin.
2. Polej tonikiem i podawaj schłodzone.

47. POMARAŃCZ BATIDA

składniki

- 6 cl soku pomarańczowego
- 2 cl Likier Kokosowy (Batida de Coco)
- 2 cl bitej śmietany
- 2 cl białego rumu

przygotowanie

1. Napełnij shaker koktajlowy 5 kostkami lodu. Dodać określone składniki, zamknąć shaker i energicznie potrząsać przez 15 sekund.

2. Do szklanki typu long drink włóż dwie kostki lodu i przelej napój przez sitko.

3. Udekorować dowolnymi owocami, np. plasterkami jabłka, ananasem w szklance.

48. CZARNY ROSYJSKI

składniki

- 4 cl wódki
- 2 cl likieru kawowego

przygotowanie

Do szklanki typu Tumbler włóż 2 kostki lodu, dodaj składniki wódki i likieru kawowego, zamieszaj i podawaj.

49. COCO LOCO

składniki

- 4 cl białego rumu
- 3 cl ginu
- 3 cl tequili
- 2 cl Batida de Coco
- 5 cl śmietanki kokosowej
- 2 cl soku z cytryny
- 15 cl Sok ananasowy

przygotowanie

1. Do shakera z kilkoma kostkami lodu wlej sok ananasowy, Batida de Coco, Cream of Coconut, gin, tequilę, biały rum i sok z cytryny i energicznie wstrząśnij.

2. Napój przecedź przez sitko do szklanki balonowej z kruszonym lodem.

3. Podawać ze słomką do picia i ozdobić brzeg szklanki ananasem lub truskawką.

50. EGZOTYCZNY PUNKT

składniki

- cl nektar z marakui
- 4 cl soku pomarańczowego
- 4 cl soku grejpfrutowego
- 4 cl soku ananasowego
- 2 cl syropu z mango

przygotowanie

1. Wymieszaj sok ananasowy, grejpfrutowy i pomarańczowy, syrop z mango i nektar z marakui i dodaj do shakera z lodem.

2. Napełnij szklankę do long drinków kostkami lodu i odcedź na nią ilość w kształcie haczyka. Udekoruj listkiem mięty lub kawałkiem ananasa.

51. BEZALKOHOLOWA PINYA COLADA

składniki

- banany - 2 szt.
- ananas - 300 g konserw
- cukier puder - 20 g
- mleko kokosowe - 300 ml
- wiórki kokosowe
- sok ananasowy - 2 łyżeczki
- syrop kokosowy - 1 łyżeczka
- lód - 100 g pokruszonego

Przygotowanie

1. Zmieszaj ananasa, banana, cukier puder, mleko kokosowe, sok ananasowy, syrop kokosowy i lód.

2. Rozłóż mieszaninę w kieliszkach koktajlowych i posyp wiórkami kokosowymi, jeśli chcesz.

3. Koktajle bezalkoholowe udekoruj chipsami ananasowymi, bananowymi lub kokosowymi.

4. Jeśli nie uznacie, że są wystarczająco słodkie, możecie dodać więcej cukru pudru.

5. Rozsmakuj się w tej bezalkoholowej Pinya Coladzie.

52. ŚWIĄTECZNY ZIMOWY PUNK

składniki

- sok jabłkowy - 200 ml
- sok pomarańczowy - 200 ml
- wino białe - 250 ml
- herbata - 300 ml owoców lub ziół
- rum - 100 ml ciemny
- jabłka - 1 szt.
- pomarańcze - 1/2 szt.
- brązowy cukier - 1 łyżka.
- imbir - 4 plasterki
- goździki - 4 gwoździe
- cynamon - 2 laski
- anyż gwiazdkowaty - 1 gwiazdka

Przygotowanie

1. Przygotuj ulubioną herbatę , odcedź ją i odłóż na bok.

2. Wino wlać do dużego rondla, dodać cynamon, goździki, imbir, anyż i brązowy cukier.

3. Wlać sok do środka i pokroić owoce na kawałki.

4. Mieszanka nie powinna się gotować.

5. Do dużej miski wlać herbatę, ciepłą mieszankę i rum.

6. Wymieszaj gotowy poncz i dopraw go większą ilością brązowego cukru i rumu, jeśli chcesz.

7. Ciesz się tym napojem podczas zimnych wakacji.

8. Świąteczny poncz zimowy jest bardzo smaczny.

53. KOKTAJL Z BIAŁYM WINEM I WODĄ GAZOWANĄ

składniki

- woda gazowana - 80 ml
- wino białe - 150 ml Chardonnay
- cytryny - 1/2 szt.
- lód - 4 łyżki.
- cukier - do zwinięcia skórki cytryny
- indris - 1 mały liść
- kumkwat - mini pomarańcza

Przygotowanie

1. Obierz skórkę z połowy cytryny za pomocą obieraczki do ziemniaków.

2. Pokrój mini pomarańczę w kółka i rozłóż je w szklanych kieliszkach do wina.

3. Rozłóż pokruszony lód, a na wierzch polej winem i sodą.

4. Skórkę z cytryny pokroić w paski, wstępnie obtoczyć w cukrze.

5. Opcjonalnie udekoruj te koktajle alkoholowe liśćmi indrishe.

6. Koktajl z białym winem i wodą gazowaną jest bardzo smaczny i orzeźwiający.

54. ODŚWIEŻAJĄCE BEZALKOHOLOWE MOJITO

składniki

- limonka - 1 sztuka
- woda gazowana - 75 ml
- mięta - 8 płatków
- brązowy cukier - 2 łyżeczki.
- lód - 250 ml (kruszony)
- sok z limonki - świeżo wyciśnięty

Przygotowanie

1. Przygotuj średniej wielkości szklankę.
2. Włóż do niego umyte liście mięty. Wlać brązowy cukier i sok z limonki, zacząć delikatnie ucierać, aby uwolnić aromat mięty.
3. Wypełnij kruszonym lodem i włóż do środka plasterki limonki. Dolać wodę gazowaną i delikatnie wymieszać koktajl bezalkoholowy.
4. Udekoruj miętą i plasterkiem limonki, podawaj natychmiast.

5. Orzeźwiające bezalkoholowe mojito jest gotowe.

55. TRUSKAWKOWA SANGRIA Z POMARAŃCZAMI I BIAŁYM WINEM

składniki

- pomarańcze - 3 szt.
- wino białe - 750 ml
- jagody - 300 gramów
- woda gazowana - 300 ml
- lód
- brązowy cukier - 4 łyżki.

Przygotowanie

1. Pokrój truskawki i jedną pomarańczę. Odcedź sok z pozostałych 2 pomarańczy.
2. Do głębokiej miski wsyp cukier wraz z białym winem. Mieszaj, aż kryształki cukru się rozpuszczą.
3. Zalać wodą sodową i dodać posiekaną owsiankę oraz truskawki.
4. Wymieszaj i przechowuj naczynie z sangrią w lodówce.

5. Po kilku godzinach można podawać dodając kostki lodu.

6. Sangria truskawkowa z pomarańczami i białym winem jest gotowa.

56. MOJITO Z KIWI I AGAWĄ

składniki

- woda gazowana - 330 ml
- kiwi - 4 dobrze dojrzałe owoce
- mięta - 8 + więcej do dekoracji
- syrop z agawy - 2 łyżki
- sok z limonki - 30 ml
- lód - 400 gramów

Przygotowanie

1. Lód pokruszyć lub zmielić w blenderze. Nie siekaj go zbyt mocno.
2. Wlać lód do 4 filiżanek.
3. Kiwi obierz i pokrój, a następnie wymieszaj z sokiem z limonki i miętą. Dolać syrop z agawy i ponownie wymieszać.
4. Powstałą mieszaninę rozprowadzić w szklankach z lodem i dodać wodę gazowaną. Wymieszaj i udekoruj napoje bezalkoholowe świeżą miętą.

5. Natychmiast podawaj Mojito z kiwi i agawą.

57. TRADYCYJNA HISZPAŃSKA SANGRIA

składniki

- mięta - świeże liście
- duszek - 150 ml
- fanta cytrynowa - 200 ml
- fanta pomarańczowa - 200 ml
- wino musujące - 700 ml
- brandy - 40 ml
- likier pomarańczowy - 40 ml
- jagody - 4 szt.
- kiwi – opcjonalnie
- cytryna - 1 szt.
- pomarańczowy - 1 szt.
- jabłko - 1 szt.
- brzoskwinia - opcjonalnie

Przygotowanie

1. Wymieszaj wszystkie płyny w dużym dzbanku.

2. Owoce pokroić na kawałki – trochę można odłożyć do dekoracji.

3. Włóż je do dzbanka razem z liśćmi mięty.

4. Dobrze wymieszaj domową sangrię, aby wymieszać wszystkie smaki.

5. Przed podaniem do szklanych filiżanek włóż kostki lodu.

6. Udekoruj brzegi odłożonymi na bok kawałkami owoców i delektuj się tym wystawnym napojem.

7. Tradycyjna hiszpańska sangria jest bardzo smaczna i przyjemna na gorące letnie dni.

58. BANANOWE DAIQUIRI

składniki

- likier bananowy - 100 ml
- biały rum - 100 ml
- sok z limonki - 50 ml
- lód - 2 kostki

Przygotowanie

1. Do shakera z dwiema kostkami lodu wlej likier bananowy, rum i sok z limonki.

2. Energicznie ubijaj shakerem, aż lód całkowicie się rozpuści.

3. Do schłodzonej szklanki wlać bananowy koktajl daiquiri.

59. KOKTAJL CIEMNEJ BURZY

składniki

- piwo imbirowe - 100 ml
- rum - 100 ml
- sok z cytryny - 50 ml
- lód - 3 kostki

Przygotowanie

1. Do shakera z kostką lodu wlać piwo imbirowe, rum i sok z cytryny.
2. Energicznie wstrząśnij, aż lód się rozpuści.
3. Gotowy koktajl przelej do szklanki z dwiema kostkami lodu.
4. W razie potrzeby możesz dodać plasterek cytryny, aby udekorować koktajl rumem.
5. Odśwież się koktajlem Dark Storm!

60. KOKTAJL - POCAŁUNEK PSZCZOŁY

składniki

- rum - 100 ml białego
- miód - 1 łyżka. płyn
- mleko kokosowe - 100 ml
- lód - 2 kostki

Przygotowanie

1. Do shakera z dwiema kostkami lodu wlać 1 łyżkę białego rumu. miód (miód powinien być płynny) i mleko kokosowe.

2. Zamknąć shaker szczelnie i energicznie ubijać, aż lód się rozpuści.

3. Weź wybraną szklankę, obłóż brzeg plasterkiem cytryny i zanurz w cukrze.

4. Polej koktajlem i opcjonalnie udekoruj plasterkiem cytryny.

5. Koktajlowy pocałunek pszczoły świetnie nadaje się na powitanie gości.

61. KOKTAJLOWA FIOLETOWA MGŁA

składniki

- wódka - 60 ml
- likier z czarnych malin - 60 ml
- sok żurawinowy - 80 ml
- mleko kokosowe - 1 łyżeczka.
- lód - 3 kostki
- skórka z cytryny - do dekoracji

Przygotowanie

1. Do shakera włóż jedną kostkę lodu, wódkę, likier, czarną malinę, sok żurawinowy i dobrze wstrząśnij, aż lód w shakerze się rozpuści.
2. Gotowy koktajl imprezowy wlać do odpowiedniej szklanki z odrobiną lodu.
3. Za pomocą łyżki bardzo ostrożnie wlej na wierzch mleko kokosowe.
4. W razie potrzeby koktajl Purple Mist można udekorować skórką cytryny.

62. CZERWONA SANGRIA DLA DZIECI

składniki

- sok z jagód - 100 ml
- sok truskawkowy - 100 ml
- sok malinowy - 300 ml
- cukier - 50 gramów
- duszek - 250 ml
- sok pomarańczowy - 250 ml świeżo wyciśniętego
- sok z cytryny - 100 ml świeżo wyciśniętego
- cytryny - 1/2 szt.
- grenadyna - 2 - 3 łyżki.
- lód - około 20 dużych kostek

Przygotowanie

1. Połowę lodu zmiel w blenderze na wysokich obrotach. Jeśli nie masz blendera, możesz dodać kostki lodu, ale po prostu użyj mniejszych.

2. Wlać wszystkie soki - truskawkowy, malinowy, cytrynowy, pomarańczowy i jagodowy. Dodaj cukier, sodę i grenadynę. Mieszaj, aż cukier się rozpuści.

3. Drobno posiekaj cytrynę i wlej ją do dzbanka z pozostałym lodem. Zalewamy je płynem owocowym i mieszamy.

4. Natychmiast podawaj sangrię.

63. JAMAJKA KOKTAJL JOE

składniki

- Rum jamajski - 50 ml
- likier - 50 ml Tia Maria
- likier - 50 ml prawnika
- pokruszony lód
- grenadyna - 8 kropli
- gałka muszkatołowa - do posypania

Przygotowanie

1. Bogaty i ostry smak jamajskiego rumu zaskakująco dobrze komponuje się ze słodyczą likierów Tia Maria i Lawrence.

2. Do shakera do lodu włożyliśmy jamajski rum, likier Tia Maria i prawnika. Dobrze ubijaj, aż całkowicie ostygnie.

3. Dodać grenadynę i wlać do schłodzonego kieliszka koktajlowego.

4. Lekki koktajl Jamaica Joe posyp świeżo startą gałką muszkatołową.

64. KOKTAJL Z LODOWEJ HERBATY LONG ISLAND

składniki

- wódka - 50 ml
- gin - 25 ml
- tequila - 25 ml srebra
- rum - 25 ml światła
- likier - 12,5 ml zielonej mięty
- sok z cytryny - 50 ml
- likier - 1 łyżka. syrop cukrowy
- Coca-Cola - do smaku
- wapno - do dekoracji

Przygotowanie

1. Ten retro koktajl sięga czasów suchego reżimu, kiedy pijano go w szklankach, aby oszukać CIA.

2. Wódkę, gin, tequilę, rum, miętę, sok z cytryny i syrop cukrowy wlej do shakera i bardzo energicznie wstrząśnij.

3. Dodaj lód i poczekaj, aż cały płyn ostygnie.

4. Przelej do wysokiej szklanki wypełnionej lodem i uzupełnij samochodem.

5. Gotowy koktajl Long Island Ice Tea dekorujemy plasterkiem limonki.

6. Bardzo świeży koktajl na letnią imprezę.

65. KOKTAJL BRONXOWY

składniki

- gin - 50 ml
- sok pomarańczowy - 25 ml
- wermut - 12, 5 ml wytrawnego
- wermut - 12,5 ml słodki

Przygotowanie

1. Podobnie jak Manhattan, nowojorski Bronx i rzeka o tej nazwie zostały uwiecznione w barach koktajlowych na całym świecie.

2. Do szklanki wypełnionej lodem włóż gin, sok pomarańczowy, wytrawny i słodki wermut.

3. Dokładnie wymieszaj i przelej domowy koktajl do schłodzonego kieliszka koktajlowego.

4. Spróbuj tego światowego klasyka, czyli koktajlu Bronx.

5. W niczym nie ustępuje koktajlowi Manhattan.

66. KOKTAJLOWA LETNIA BRYZA

składniki

- sok żurawinowy - 50 ml
- sok ananasowy - 50 ml
- wódka - 50 ml
- lód
- Tonik
- ananas - do dekoracji

Przygotowanie

1. Sok żurawinowy idealnie nadaje się do miksowania orzeźwiających kombinacji koktajlowych. Nie ma tak wyrazistego smaku jak żurawina, ale wyczuwalny jest owocowy smak.

2. W shakerze wymieszaj sok żurawinowy, sok ananasowy, wódkę i lód i dobrze wstrząśnij. Czekamy, aż ta pyszna mieszanka ostygnie.

3. Przelać do wysokiej szklanki i uzupełnić tonikiem według własnych upodobań.

4. Gotowy koktajl Summer Breeze dekorujemy plasterkiem limonki i już możemy się nim delektować.

67. KOKTAJL BANANOWO-KOLADOWY

składniki

- lód - złamany
- biały rum - 100 ml
- sok ananasowy - 200 ml
- malibu - 50 ml
- banany - 1 obrany i pokrojony w plasterki

Przygotowanie

1. Do wypicia (zjedzenia) tego koktajlu będziesz potrzebować czegoś więcej niż tylko słomki.

2. Do blendera włóż pokruszony lód, dodaj biały rum, sok ananasowy, malibuto i pokrojony banan .

3. Ubić na gładką masę, następnie wlać bez mieszania do wysokiej, schłodzonej szklanki.

4. Wspaniały koktajl bananowo-colada.

68. KOKTAJL MORSKIEJ BRYZY

składniki

- wódka - 40 ml
- sok żurawinowy - 12, 5 ml
- lód
- sok z różowego grejpfruta - do smaku

Przygotowanie

1. Sok z różowego grejpfruta jest znacznie słodszy i bardziej wyrafinowany niż jego lżejszy kuzyn, dlatego idealnie nadaje się do mieszania w koktajlach, w których zależy Ci na lekkiej ostrości.

2. Wymieszaj lód, wódkę i sok żurawinowy i poczekaj, aż dobrze ostygnie.

3. Przelać do schłodzonej szklanki typu highball i uzupełnić sokiem z różowego grejpfruta według własnych upodobań.

4. Z koktajlem Sea Breeze od razu przeniesiemy się na plażę.

69. KOKTAJL PALMOWY NA PLAŻY

składniki

- biały rum - 50 ml
- gin - 50 ml
- sok ananasowy - 50 ml
- lód - złamany

Przygotowanie

1. Jeśli minęło dużo czasu od Twoich ostatnich wakacji, przywołaj błękitne niebo Florydy i surfingowe fale, pijąc ten słoneczny koktajl.

2. Do shakera wlać lodowaty biały rum, gin i sok ananasowy.

3. Energicznie wstrząsać, aż płyn całkowicie ostygnie.

4. Przelej do schłodzonego kieliszka koktajlowego i możemy cieszyć się wspaniałym koktajlem Palm Beach.

70. KOKTAJL KAIPIROSKA

składniki

- limonka - 1 sztuka (pokrojona na 6 części)
- cukier puder - 3 łyżki.
- wódka
- lód - złamany

Przygotowanie

1. To naprawdę świeża wersja wódki z limonką. Jeśli uznasz, że jest bardzo mocny, dodaj więcej cukru do smaku.

2. Do małej szklanki włóż plasterki limonki i cukier puder, a następnie rozgnieć plasterki, aby puścił sok i zmieszał się z cukrem.

3. Dodaj wódkę i uzupełnij po brzegi kruszonym lodem.

4. Jesteśmy już gotowi przetestować pokusę zwaną koktajlem Kaipiroska.

5. Dla maksymalnego efektu - wypij koktajl przez słomkę.

71. KOKTAJL ARBUZOWY

składniki

- arbuz - 10 łyżeczek. schłodzony
- woda kokosowa - 150 ml
- sok z limonki - 5 łyżek.
- wódka - 300 ml cytrusów
- lód - 5 kostek

Przygotowanie

1. Arbuza pokroić na małe kawałki i oczyścić z nasion.
2. Do blendera włóż oczyszczony arbuz, wodę kokosową, sok z limonki, wódkę i kostki lodu.
3. Ubijać na maksimum przez 2-3 minuty, gotowy letni koktajl przecedzić przez sitko i przelać do odpowiednich szklanek.

72. PONCZ ZIMNY Z RUMEM I SOKEM POMARAŃCZOWYM

składniki

- pomarańcze - 2 szt.
- woda - 600 ml
- rum - 100 ml lub do smaku (biały)
- goździki - 4 gwoździe
- gałka muszkatołowa - 2 szczypty
- cynamon - 1 kij
- lód - opcjonalnie, do podania
- cukier - lub miód do słodzenia (opcjonalnie)

Przygotowanie

1. Obierz pomarańczę i zetrzyj ją. Napełnij wodą i dodaj cynamon, goździki i gałkę muszkatołową. Gotować przez 5 minut, pozostawić do całkowitego ostygnięcia i przecedzić.

2. Z obu pomarańcz wyciśnij sok i wymieszaj z białym rumem, którego ilość może się różnić w zależności od Twojego gustu.

3. Wymieszaj oba płyny i posłodź według uznania. Podawaj koktajl owocowy z kostkami lodu lub bez, według uznania.

4. Aby stać się prawdziwym aromatycznym ponczem, należy postępować zgodnie z krokami wskazanymi w przepisie – wywar należy zużyć zaraz po ostygnięciu, a alkohol dodać na sam koniec, aby nie stracił swojego aromatu i walorów. Sok powinien być również świeżo wyciśnięty, a nie wcześniej.

5. Tradycyjnie zimny poncz z rumem i sokiem pomarańczowym podawany jest w kubkach z rączką, na metalowej tacy lub stojaku i koniecznie połóż łyżkę.

73. KOKTAJL KOSMOPOLITAŃSKI

składniki

- wódka - 40 ml
- potrójna sekunda - 20 ml
- sok z limonki - 20 ml świeżego
- sok żurawinowy - 20 ml
- lód
- skórka pomarańczy

Przygotowanie

1. Ten różowy koktajl ma gorzki smak, który ugasi każde pragnienie.

2. Do shakera wlać wódkę, likier triple sec, sok ze świeżej limonki i sok żurawinowy. Wszystkie płynne składniki dobrze ubić razem z lodem, aż ostygną.

3. Przelać do dobrze schłodzonego kieliszka koktajlowego.

4. Dekorujemy skręconą skórką i możemy już podawać gotowy koktajl Cosmopolitan.

5. Klasyczny koktajl alkoholowy na imprezę.

74. Orzeźwiająca SANGRIA TRUSKAWKOWA

składniki

- wino białe - 1 butelka, Chardonnay Peach i mango,
- jagody - 800 g
- likier truskawkowy - 1/2 łyżeczki, ja używam domowego
- brązowy cukier - 1 łyżeczka, niekompletny
- woda gazowana - 500 ml.
- woda - 1 ch
- limonka - 2 szt.
- kwiaty róży - 1 garść (Rosa damascena)
- balsam - świeże łodygi
- czarnego bzu białego - 1 - 2 kwiatostany
- lód - 7 kostek

Przygotowanie

1. Na patelnię włóż 1/3 truskawek - oczyść je i pokrój w kostkę.

2. Wymieszaj je z brązowym cukrem i wodą.

3. Pozostałe owoce przekrój na pół i odłóż do miski.

4. Pracujemy w średniej temperaturze, mieszając, aż cukier się rozpuści, a owoce zagotują.

5. Zdjąć z ognia i przecedzić syrop przez sitko.

6. Pozostałe owoce można dodać do kremu, musu truskawkowego lub wymieszać z mascarpone i śmietaną na deser.

7. Do wysokiej miski wlać wino, dodać likier truskawkowy, syrop truskawkowy, 1 sok z limonki i plasterki drugiego cytrusa, kwiaty róży i czarnego bzu oraz 2-3 gałązki melisy.

8. Dokładnie wymieszaj i wstaw do lodówki, najlepiej na 2-3 godziny.

9. Przed podaniem sangrii wlej płyn do dzbanka, dodaj truskawki, plasterki limonki, liście mięty i kostki lodu.

10. Nie przesadzaj z nimi, aby nie rozcieńczyć napoju.

11. Podawaj truskawkową sangrię na zimno i ochładzaj namiętność w gorące letnie wieczory.

75. KLASYCZNE TRUSKAWKOWE DAIQUIRI

składniki

- rum - 40 ml białego
- limonka - 1 szt. sok
- jagody - 6 szt.
- syrop cukrowy - 1 łyżka.
- lód - 3 - 4 kostki

Przygotowanie

1. Truskawki są myte i puree.
2. Kostki lodu łamiemy i razem z puree truskawkowym, sokiem z limonki i syropem cukrowym umieszczamy w shakerze.
3. Dobrze wstrząśnij, aż masa będzie gładka, a następnie wlej orzeźwiający koktajl do kieliszka koktajlowego.
4. Truskawkowe daiquiri przyozdobione jest liśćmi mięty i truskawkami.

5. Ciesz się najlepszymi chwilami lata dzięki naszemu przepisowi na klasyczne truskawkowe daiquiri!

76. KOKTAJL Z KRWAWĄ MARIĄ

składniki

- Sos Worcestershire - 5 ml
- sos tabasco - 5 ml
- wódka - 50 ml
- wytrawne sherry - 5 ml
- sok pomidorowy - 6 łyżek.
- sok z cytryny - 1/2 cytryny
- sól - 1 szczypta
- ostra czerwona papryka - 1 szczypta

Przygotowanie

1. Ten klasyk powstał w 1921 roku w legendarnym Harry's Bar w Paryżu.
2. Sos Worcestershire i sos tabasco włóż do shakera ustawionego na odrobinie pokruszonego drewna, następnie dodaj wódkę.

3. Dodajemy także wytrawne sherry, sok pomidorowy i na koniec sok z cytryny. Energicznie wstrząśnij, aż ostygnie.

4. Do wysokiego kieliszka koktajlowego wlej koktajl pomidorowy, dodaj szczyptę soli selerowej i szczyptę ostrej papryki.

5. Udekoruj koktajl alkoholowy łodygą selera i plasterkiem cytryny.

6. Możemy teraz cieszyć się tym klasycznym koktajlem Krwawej Mary.

77. KOKTAJL Z TRUSKAWKĄ COLADA

składniki

- rum - 30 ml
- likier - z truskawek 30 ml
- truskawki - świeże 6 szt.
- śmietana - 30 g
- sok z cytryny - 20 ml

Przygotowanie

1. Składniki koktajlu umieścić w mikserze elektrycznym i mieszać przez 5-6 sekund.
2. Przelej do kieliszka koktajlowego i udekoruj świeżą truskawkową coladą

78. KOKTAJL OWOCOWY Z SZAMPANEM

składniki

- wódka - 25 ml
- puree - 20 ml truskawek
- sok - 25 ml cytryny
- sok - 10 ml malin
- sok - 10 ml czarnej porzeczki
- syrop cukrowy - 10 ml
- szampan
- lód
- truskawki - do dekoracji
- cytryny - do dekoracji

Przygotowanie

1. Wszystkie składniki umieścić w shakerze, następnie dodać lód.
2. Dobrze wstrząśnij mieszaniną i przelej do szklanki.

3. Do dekoracji koktajlu dodaj pokrojone truskawki i cytrynę.

4. Pozdrawiam, ten owocowy koktajl szampański!

79. BEZALKOHOLOWY KOKTAJL OWOCOWY

składniki

- sok pomarańczowy - 50 ml
- sok - 50 ml z grejpfruta
- sok z cytryny - z ½ cytryny
- lód
- liście mięty
- maliny - do dekoracji

Przygotowanie

1. Na dno szklanki włóż lód i liście mięty.
2. Lekko się rozmazują.
3. Soki wymieszaj w shakerze i dobrze wstrząśnij.
4. Wylewają na lód.
5. Napój podawany jest z malinami.

80. EKSTASY KOKTAJL

składniki

- gin - 50 ml
- malibu - 30 ml
- likier - 20 ml arbuza
- sok - 100 ml ananasa

Przygotowanie

1. Składniki koktajlu są dobrze wymieszane i dobrze wymieszane.
2. Wlać do kieliszka koktajlowego.
3. Dodać plasterek limonki i obraną pomarańczę.
4. Opcjonalnie można dodać kruszony lód i podać koktajl Ecstasy.

81. DŁUGI DRINK Z SZAMPANEM

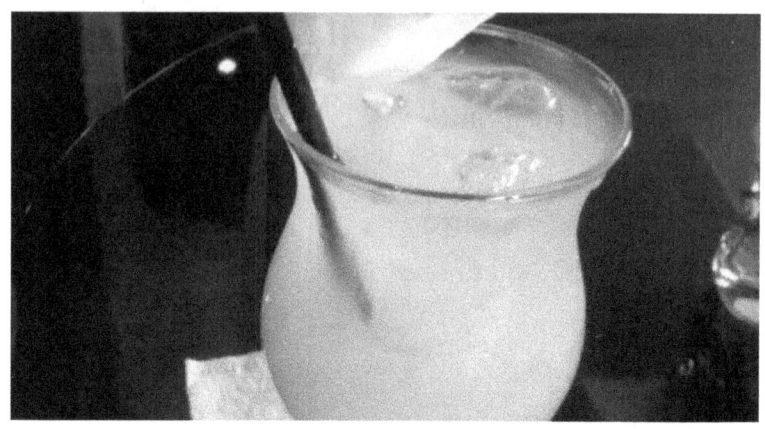

składniki

- koniak - 20 ml
- canto - 20 ml
- szampan
- żółtka - 1 szt.
- gałka muszkatołowa

Przygotowanie

1. Żółtko umieszcza się w shakerze. Dodaj koniak i Cointreau.

2. Zawartość rozbija się i wlewa do głębokiego kieliszka, który zalewa się szampanem.

3. Posyp koktajl świeżo startą gałką muszkatołową.

82. KOKTAJL ALKOHOLOWY Z

WINOGRONAMI

składniki

- wódka - 50 ml
- sok z cytryny - 20 ml
- syrop cukrowy - 20 ml
- winogrona - 5 ziaren, czarne
- mięta - 5 liści
- lód

Przygotowanie

1. Winogrona i liście mięty są kruszone i przecedzane.
2. Dodaj pozostałe składniki i dobrze wymieszaj.
3. Podawaj koktajl w wysokiej szklance wypełnionej kruszonym lodem.

83. MELONOWY MIRAŻ

składniki

- melon - 100 g
- limonka - ½ nie.
- tequila - 100 g
- woda gazowana - 50 ml
- cukier - 1 łyżka.

Przygotowanie

1. Melon pokroić w drobną kostkę i zmiksować.
2. Odcedź, dodaj tequilę, sodę, cukier i wyciśniętą cytrynę.
3. Włóż dużą ilość lodu i podawaj w kieliszku koktajlowym. Filiżankę można ozdobić cukrem i owocami.

84. KOKTAJL Z JEŻYNAMI I KONIAKIEM

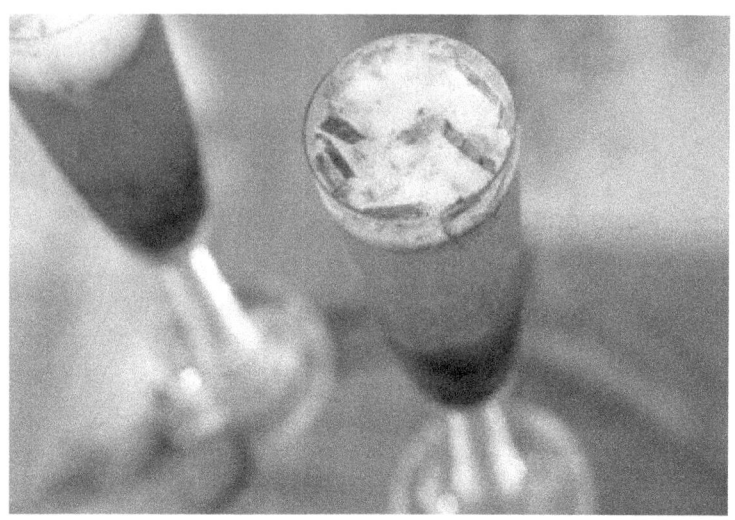

składniki

- jeżyny - 250 g
- lody - 4 kulki
- świeże mleko - 500 ml
- koniak - 1 szklanka
- cukier - 2 łyżeczki.

Przygotowanie

1. Zgnieć jeżyny, dodaj lody, zimne mleko, koniak i cukier.
2. Ubić mikserem i natychmiast podawać.

85. KOKTAJL OUZO I SOK Z OGÓRKA

składniki

- ouzo - 1/3 części
- sok z ogórka - 1/3 części
- lemoniada - 1/3 części
- kostki lodu
- ogórki - 1/4 szt.

Przygotowanie

1. Wymieszaj 1/3 części ouzo, 1/3 części soku z ogórka i 1/3 części lemoniady, dodaj kostki lodu i udekoruj kubki kawałkami ogórka.

86. WYJĄTKOWY KOKTAJL Z OUZO

składniki

- ouzo - 1/3 części
- gin - 1/3 części
- sherry - 1/2 łyżeczki.
- lemoniada - 1/3 części
- kostki lodu

Przygotowanie

1. Wymieszaj 1/3 ouzo, ginu i lemoniady z 1/2 łyżeczki. sherry i kostki lodu i podawaj.

87. KOKTAJL Z OUZO I GINEM

składniki

- ouzo - 1/4 części
- gin - 1/4 części
- Campari - kilka kropli
- sok pomarańczowy - 1/2 części
- pomarańcze - 1 szt.
- kostki lodu

Przygotowanie

1. Wlać do kieliszków koktajlowych udekorowanych cienkim plasterkiem pomarańczy, zmieszanym sokiem pomarańczowym (1/2 części), 1/4 części ouzo i ginu, kilkoma kroplami Campari i kostkami lodu.

88. KOKTAJL LODOWY

składniki

- lody - 50 g kwaśnej śmietany
- lody - 20 g ananasów
- likier - 40 ml liścia laurowego
- śmietana - 50 ml
- whisky - 20 ml
- czekolada - 1 sztuka
- wiórki kokosowe
- lód

Przygotowanie

1. W shakerze do lodu wymieszaj likier, whisky, śmietankę i sok.

2. Brzegi kieliszków koktajlowych zwilża się i roztapia w wiórkach kokosowych, aby je przykleić.

3. Napój rozlewamy do szklanek i na wierzch kładziemy płaską warstwę lodów. Posypać startą czekoladą.

89. ZIELONY SZept

składniki

- wódka - 50 ml
- syrop cukrowy - 20 ml
- sok z limonki - 20 ml
- mięta - 6 liści
- szampan
- lód

Przygotowanie

1. Liście mięty miesza się z syropem cukrowym i sokiem z zielonej cytryny.
2. Mieszaninę ubija się za pomocą wytrząsarki, a następnie filtruje.
3. Przelać do kieliszka i dodać szampana.
4. Koktajl dekorujemy liśćmi mięty.

90. MLECZNY KOKTAJL OWOCOWY

składniki

- świeże mleko - 100 ml
- jajka - 1 szt.
- galaretka - 60 g truskawek

Przygotowanie

1. Mleko, galaretkę i jajko wymieszać mikserem przez 1 minutę.
2. Gotowy koktajl bezalkoholowy podawaj schłodzony do temperatury 12 - 15 stopni.

91. KOKTAJL KOMETOWY

składniki

- świeże mleko - 100 ml
- jajka - 1 szt.
- herbata czarna - 40 ml mocnego naparu, zimna
- miód - 20 g

Przygotowanie

1. Mleko, jajko, miód i zaparzoną czarną herbatę ubić mikserem na minutę.
2. Ochłodzić koktajl do 12-15 stopni i podawać.

92. ŚWIAT WÓDKI

składniki

- 4 cl wódki
- 2 cl soku z limonki
- 3 sztuki kostek lodu

przygotowanie

1. Wódkę, sok z limonki i kostki lodu wstrząśnij, a przesiane kostki świeżego lodu wlej do wcześniej schłodzonej miski koktajlowej.

2. Udekoruj plasterkiem limonki i natychmiast podawaj.

93. MARTINI JABŁKOWE

składniki

- 2 cl Galliano
- 2 cl Likier jabłkowy, kwaśne jabłko
- Wódka IV kl. Absolut Citron
- 1 cl likieru melonowego
- **1 Schb Jabłko**

przygotowanie

1. Składniki likier melonowy, wódka, likier jabłkowy, Galliano z 3 kostkami lodu wstrząśnij dobrze w shakerze i przelej do wcześniej schłodzonej miski koktajlowej, przecedź.
2. Udekoruj plasterkiem jabłka.

94. POŃCZ FRANCUSKI Z CZEKOLADĄ

składniki

- koniak - 30 ml
- krem - 100 ml płynu
- świeże mleko - 150 ml
- jaja przepiórcze - 5 szt. żółtka
- miód - 4 łyżeczki.
- czekolada - 20 g naturalnej
- herbatniki - 1 szt. miękki

Przygotowanie

1. Żółtka jaj przepiórczych miesza się z miodem i śmietaną. Dodać mleko i koniak.

2. Mieszaninę ogrzewa się na małym ogniu, ciągle mieszając, nie dopuszczając do wrzenia.

3. Po zgęstnieniu podzielić na 2 ognioodporne kubki.

4. Czekoladę ściera się luzem, ciastka kruszy.

5. Każdy napój dekorujemy startą czekoladą i kruszonymi ciasteczkami i podajemy od razu.

95. JAPOŃSKI KOKTAJL Z BIAŁEJ RÓŻY

składniki

- imbir - 1 szczypta suszonego
- herbata - 2 saszetki jaśminu
- miód - 2 łyżeczki.
- wanilia - 1 szt.
- sake - 200 ml
- róża - 4 szt. płatki bieli

Przygotowanie

1. Zagotuj 200 mililitrów wody i wlej do nich herbatę jaśminową. Po 4 minutach wyjmij i dodaj miód.

2. Dobrze wymieszaj, aż miód całkowicie się rozpuści. Dodać wanilię i imbir i ponownie wymieszać, aby przyprawy się rozpuściły.

3. Dodaj sake i podgrzej mieszaninę, nie gotując. Podaje się go od razu w szklankach, a do każdego napoju dodaje się 2 płatki białych róż.

96. KOKTAJL MARCEPANOWY FLIP

składniki

- cytryny - 1 szt.
- marcepan - 50 g gotowej mieszanki
- koniak - 40 ml
- jajka - 2 szt. żółtka świeże
- sok jabłkowy - 200 ml
- świeże mleko - 50 ml
- orzechy laskowe - 20 g zmielonych
- Lód - 4 kostki

Przygotowanie

1. Cytrynę przekrój na pół, wyciśnij sok. Rozpuść brzegi 2 szklanek w soku, a następnie rozpuść w zmielonych orzechach laskowych, aby uzyskać piękną dekorację na brzegach.

2. Do blendera włóż masę marcepanową, dodaj sok z cytryny i koniak.

3. Psuje się w 15 sekund. Dodać żółtka i zimne mleko. Przerywa na kolejne 10 sekund. Do każdej szklanki włóż po 2 kostki lodu i przykryj mieszanką.

4. Dodaj sok jabłkowy i natychmiast podawaj.

97. FRANCUSKI PUNKT JAJECZKOWY

składniki

- jajka - 8 szt. żółtka
- cytryny - 1 szt.
- cukier - 1 łyżeczka.
- herbata czarna - 1 litr zaparzonej herbaty
- wanilia - 1 szt.
- koniak - 50 ml

Przygotowanie

1. Cytrynę myjemy i kroimy w koła bez obierania. Dodać do czarnej herbaty, wymieszać, dodać wanilię i dusić przez 5 minut. Odcedzić i pozostawić na 30 minut pod przykryciem.

2. Żółtka ubić z cukrem na biało, dodać herbatę i ciągle mieszając zagotować kremową, cienką masę.

3. Zdejmij z ognia i mieszaj przez 10 minut, aby szybciej ostygło. Dodaj koniak, podziel mieszaninę do filiżanek i podawaj na gorąco.

98. KOKTAJL NISKOPALKOHOLOWY CZEKOLADA I MLEKO

składniki

- świeże mleko - 300 ml
- czekolada - 50 g naturalnej
- czekolada - 50 g mleka
- wódka - 40 ml
- brązowy cukier - 2 łyżki.
- lód - 1 garść złamana

Przygotowanie

1. Czekolada naturalna i mleczna są tarte. Podgrzej mleko na małym ogniu i dodaj startą czekoladę.

2. Podgrzewać, ciągle mieszając, aż do całkowitego rozpuszczenia. Dodać brązowy cukier, dobrze wymieszać. Dodaj wódkę i zdejmij z ognia. Dobrze wymieszaj.

3. Rozłóż lód w 4 filiżankach, połóż na wierzch masę czekoladową i natychmiast podawaj.

99. LODOWY PUNCH CYTRUSOWY Z SZAMPANEM

składniki

- pomarańcze - 8 szt.
- cytryny - 8 szt.
- szampan - 750 ml

Przygotowanie

1. Sok owocowy wyciska się, przelewa do dużej miski i pozostawia w zamrażarce, mieszając co 20 minut.

2. Gdy masa zamieni się w lody, dodać szampana i wstawić do zamrażarki na kolejne 30 minut.

3. Podawać prosto z miski, każdy przekładany łyżką do szerokich szklanek.

100. WEGAŃSKI KOKTAJL BEZALKOHOLOWY Z MROŻONYMI JAGAMI

składniki

- woda - 400 ml
- jagody - 200 g mrożonych
- mleko sojowe - 200 ml
- Miód - 4 łyżeczki

Przygotowanie

1. Wodę miesza się z mlekiem sojowym. Wymieszaj i dodaj miód. Delikatnie mieszaj mieszaninę, aż miód całkowicie się rozpuści.

2. Do tej mieszanki wlać mrożone jagody i rozdrobnić lub zmielić wszystko w blenderze, aż powstanie piana.

3. Podawać w schłodzonych szklankach.

www.ingramcontent.com/pod-product-compliance
Lightning Source LLC
Chambersburg PA
CBHW070350120526
44590CB00014B/1081